Short Stories in French 2

My Childhood Dream

By

Irineu De Oliveira

ISBN-13: 978-1500549978
ISBN-10: 1500549975

CONTENTS

INTRODUCTION

This book is the second in a series of short stories aimed at helping you improve your reading skills and comprehension of the French language.

'My Childhood Dream' tells the story of a young boy and his adventures growing up in a countryside village in France. The boy dreams of learning a foreign language and traveling the world, seeing and experiencing things his farmer parents would never have the chance to.

Through the medium of storytelling, you will find that your desire and ability to learn French increases.

This book will be particularly useful for those who have difficulty expressing themselves in various situations in the French language. As you read these stories, you will learn new words and expressions, thus improving your expressive and active vocabulary.

At the end of the book, there is a short workbook with questions designed to help you express yourself better through written practice of the language.

MA VIE SCOLAIRE

Je suis né le 10 mars mille neuf cent quatre-vingt-trois (1983), j'ai cherché, sur internet, les événements historiques qui ont eu lieu à cette époque; malheureusement je n'ai rien trouvé qui puisse rendre spécial le fait d'être né ce jour-là.

Au moins, j'ai une connaissance qui est née le même jour, dans le même hôpital et presque à la même heure que moi. Connaître quelqu'un qui est né le même jour que toi, en fait, rend la journée doublement spéciale.

Ma famille est très bizarre, ma mère m'a eu à presque quarante ans, avant moi, elle avait déjà eu neuf enfants, toutefois, quatre d'entre eux ne survécurent pas et malheureusement, nous ont laissés.

En fait, je ne crois pas que ma mère pensait que j'allais survivre, mais me voici, j'ai survécu, et je me vais vous parler de mes rêves d'enfance et c'est ce que je vais faire.

Je me rappelle des dimanches, d'où viennent tous mes souvenirs.

Je me rappelle des parties de foot avec mes amis. J'avais six ans et j'allais en avoir sept le mois suivant. Après avoir terminé la partie de foot, je suis retourné chez moi et j'ai trouvé mon père, ma mère et ma petite sœur assis à parler de la décision qu'avait prise mon père de m'inscrire à la maternelle. Je ne croyais pas ce que j'entendais, je commencerais, comme mes amis, à étudier y je le ferais le lundi suivant. C'était merveilleux!

En fait, quoique je ne me rappelle de rien d'autre de cette journée. Jamais je ne l'oublierai! Ma nouvelle vie en tant qu'étudiant de la maternelle a été marquée de plusieurs événements. Mon professeur se nommait Rose. J'aimais la tante Rose! C'était une professeure magnifique, elle avait de longs ongles, propres et peint en rouge et portait toujours du parfum. Je me sentais bien lorsque je lui demandais de l'aide pour apprendre à lire et à écrire. Elle me prenait par la main, m'appelait mon chéri et m'aidait, peu à peu à apprendre à lire et écrire. J'adorais aller à la maternelle avec la tante Rose! Elle m'encourageait tout le temps, en disant que j'étais un enfant très spécial et intelligent. En fait, le mot intelligent sortait toujours durant la collation lorsque je conversais avec elle ou lorsqu'elle parlait de moi à d'autres personnes. Je dois signaler que la lettre l est la première lettre de mon nom.

J'habitais dans un village qui contenait plus ou moins une centaine de familles à cette époque, un lieu où le temps s'était arrêté. Nous nous connaissions tous, et à vrai dire, le nombre d'habitants est resté stable, mais à cette époque, en mille neuf cent quatre-vingt-dix, nous étions très peu. Je me rappelle que lorsque nous entrions et nous nous asseyions en classe, la première chose que faisait la professeure était de nous rappeler quel jour nous étions. Elle écrivait la phrase suivante au tableau: «Bonjour mes petits amis, aujourd'hui nous sommes lundi, le quinze février de l'an mille neuf cent quatre-vingt-dix. Durant cette année, ce moment se répéta si souvent que même aujourd'hui je m'en rappelle comme si c'était hier». Bonjour mes petits amis!

Cette classe m'a beaucoup plu. Bien que nous n'avons pas appris à lire et à écrire correctement, nous avons pu nous informer sur ce qui nous attendait avec la grande et attendue école primaire. Je me rappelle d'une journée où je n'arrivais pas à terminer les devoirs que m'avait demandé la professeure, il paraît que je n'étais pas très voulais à faire de longs exercices dans lesquels nous devions écrire la lettre R plusieurs fois, en plus des autres lettres de l'alphabet. À cette époque, j'essayais très fort d'apprendre à écrire mon nom et la professeure s'est rendu compte que je ne pourrais pas faire mes devoirs et elle fit donc une chose que je ne recommanderais pas qu'un professeur fasse aujourd'hui. Il se mit à écrire les lettres de l'alphabet en dessinant de points pour que j'apprenne à écrire et elle me dit que ces dessins représentaient mon nom écrit plusieurs fois, et que lorsque je l'apprendrais, je réussirais à écrire mon nom. Encouragé à montrer à mes parents et amis que j'étais en train d'apprendre à écrire mon nom, j'ai considéré cette tâche comme étant très importante, je m'imaginais la réaction de ma famille à me voir écrire mon nom, j'étais certain qu'ils seraient fiers de moi.

Alors, je suis arrivé à la maison et j'ai montré à ma famille ce que je croyais être la chose la plus merveilleuse du monde, j'avais appris à écrire mon nom.

Ma mère m'a dit: - Bon, je ne vois pas bien les lettres, mais ça ne ressemble pas à ton nom.

Ma petite sœur, qui savait déjà lire, prit me cahier et à ma grande déception, se mit à rire de moi en disant: - Regarde comme tu es bête, tu ne vois pas que ce n'est pas ton nom, ce sont les lettres de l'alphabet répétées plusieurs fois.

Je ne pouvais pas croire ce que je venais d'entendre, mon bonheur s'était envolé en fumée, j'avais découvert que la professeure m'avait menti en me disant que ce que j'avais écrit était mon nom quand en réalité ce n'était que les lettres de l'alphabet répétées plusieurs fois.

Bon, les choses ne se passent pas toujours

comme les gens le veulent ou le désirent, j'ai continué la maternelle en espérant qu'un jour j'apprendrais à lire et à écrire mon nom, même s'il fallait continuer à espérer, comme il se doit, l'école primaire tant attendue.

APPRENDRE À SE PROMENER EN BICYCLETTE

La période dans laquelle j'ai commencé à étudier fut très intéressante et importante pour moi. Je me rappelle que c'était à cette époque que je voulais apprendre à faire de la bicyclette. J'avais toujours voulu apprendre à faire de la bicyclette, mais comme mes parents ne s'étaient jamais donné la peine de m'en donner une, je n'ai pas eu la chance d'apprendre à en faire avant l'âge de sept ans.

J'avais des amis plus vieux que moi qui avaient déjà leur propre bicyclette. Ces amis étaient les enfants d'un ami de la famille, un conseiller important de la région, son nom était Elpídio, plus connu sous le nom de Néné. Je l'appelais oncle Néné, parce qu'il était un homme aimable et apprécié dans la région, à cette époque tout le monde s'entendait bien avec lui. Il était un homme politique qui, au moins, amena un peu de progrès et de dignité à la communauté. Je me rappelle du jour où je suis allé chez lui pour apprendre à faire de la bicyclette. J'ai pris une petite bicyclette vieille et empruntée qu'ils avaient et j'ai fait plusieurs essais. Il y en eut tellement, que finalement j'ai pu me promener un peu sur la ferme, j'ai alors pensé que je pouvais me risquer à descendre une pente près de sa maison. Ce fut toute une aventure d'enfant. J'ai pris la bicyclette et je me suis préparé, j'ai pratiqué un peu plus et je suis allé descendre la pente! J'ai bien commencé, je ne tremblais pas, j'étais confiant et mon ami m'aidait en tenant la bicyclette y en me disant de regarder vers l'avant et de pédaler. Lorsque j'ai commencé à descendre, il m'a lâché. Je ne m'étais pas rendu compte qu'il m'avait lâché, je pensais qu'il me tenait encore et lorsque j'ai regardé vers l'arrière, il était loin.

La bicyclette un frein fonctionnel et je descendais la pente à toute allure, tout à coup j'ai dérapé dans le sable, j'ai essayé de garder le contrôle de la bicyclette, mais malheureusement je n'ai pas été capable, j'ai perdu l'équilibre et je suis tombé au sol. Heureusement, je suis tombé dans le sable et je ne me suis pas beaucoup blessé. Mais malgré tout, j'étais content d'avoir réussi à descendre la pente.

Après cela, je suis retourné à la maison, qui était à deux kilomètres de là, sur la bicyclette quoique, en vérité, dans les pentes, je descendais de la bicyclette.

LA ROUTINE QUOTIDIENNE EN CLASSE

Bons moments de l'enfance. Je me rappelle que lorsque j'ai commencé à étudier, j'ai eu à surmonter un défi plus grand que celui de faire de la bicyclette, celui de me marcher quatre kilomètres tous les jours, à travers des terrains, pour aller en classe. Tout ça parce que mes parents allaient, tous les lundis, au terrain où nous avions notre autre maison et d'où ils tiraient le revenu familial. Je n'aimais pas aller de la maison à l'école tous les jours parce que ça me dérangeait de me lever tôt et d'avoir froid pendant que je m'habillais et ensuite aller à l'école. Ma mère me faisait me lever à cinq heures et demie du matin. Elle me faisait du café, pendant que j'en profitais pour me laver la figure et me brosser les dents au canal. À cette époque, la ferme n'avait pas d'électricité ou d'égouts. Le café du matin se résumait à un café avec du pain et du beurre que mon père rapportait toujours à la maison.

Aller à l'école était toute une aventure! Nous avions un chien qui m'accompagnait toujours en classe, c'était mon garde du corps, il était toujours à mes côtés, montant et descendant les collines jusqu'à l'école. Quelques fois, sur le chemin, nous rencontrions des vaches et je devais changer de chemin et arriver en retard en classe. Comme j'aurais aimé avoir une bicyclette pour prendre moins de temps! Je rêvais aussi d'avoir un scooter. Wow! J'aurais vraiment aimé me rendre en classe en bicyclette ou en scooter.

En arrivant en classe, mon chien retournait à la maison au village et quoique cela paraisse incroyable il m'attendait jusqu'à mon retour. Je ne sais pas ce qui se passait avec ce chien, il était si gentil et toujours disposer à me protéger, je ne sais pas comment il pouvait avoir tant de patience à attendre quatre heures pour revenir avec moi. Je ne sais pas où il mangeait et buvait, peut-être qu'il chassait sa propre nourriture. Son nom était Chiot, le diminutif de Chien.

LA VIE À LA FERME

Le retour à la maison sur la ferme était pire qu'aller en classe.

Les cours terminaient vers midi, précisément au moment le plus chaud, et en plus il fallait monter et descendre les collines pour arriver à la maison.

Lorsque j'arrivais à la maison, je mangeais et après je prenais une sieste, sinon, j'allais jouer avec de petites autos sur le terrain ou aider mes parents.

J'aimais aussi jouer sur le terrain, donner des

coups de pieds au bananier en me prenant pour un combattant d'arts martiaux parce que les films de Bruce Lee et Van Damme étaient devenus très populaires,

J'ai pris un vieux pantalon, je l'ai coupé et je l'ai rempli de sable, je l'attachais ensuite au pied d'un avocatier que nous avions sur le terrain et ainsi, j'avais un mini-gymnase avec un sac de boxe, une bûche de bananier pour donner des coups de pieds et un bâton de mortier comme barre de poids. J'aimais aussi beaucoup courir, j'étais un enfant en santé, je n'imaginais même pas l'importance que ces activités auraient pour moi, spécialement pour maintenir le rythme quotidien de l'aller et retour de l'école.

Mon père était un producteur de café, il vendait le café produit à d'autres producteurs qui avaient des machines pour nettoyer et empaqueter le café pour qu'il soit vendu les grandes villes. Au bout du compte, l'activité principale du terrain était la production de café. Le café se récoltait mûr, ensuite il était mis à sécher sur une grande surface. Le soir, nous devions mettre tout le café dans des sacs, les garder dans un entrepôt pour la protéger de la pluie et de la rosée du matin. C'était une tâche routinière, j'en avais d'autres aussi, qui était d'arroser les plantes à dix-sept heures trente précisément. Ces plantes étaient des eucalyptus que mon père avait plantés et quelques orangers que nous cultivions.

JEUX D'ENFANTS

Ma journée préférée de la semaine était le vendredi lorsque je revenais à la maison et que je pouvais jouer avec mes amis du village. Il y avait trois jeux très populaires au village. C'étaient les jeux de policiers et criminels, les parties de foot et les échanges de tirs. Nous jouions au premier jeu sur la place centrale du village vers dix-huit heures. Ce jeu était tellement populaire que des jeunes apparaissaient de partout pour jouer et nous devions faire des équipes et attendre notre tour pour jouer.

 La deuxième activité attirait aussi beaucoup d'enfants. Je me rappelle que nous avions une équipe qui jouait tout le temps les samedis. Je me rappelle aussi que la couleur du chandail de l'équipe était jaune et que ma position était la défense centrale. Je n'étais pas un grand joueur de foot, mais ça me divertissait beaucoup.

Le jeu que nous appelions «échanges de tirs» était moins populaire. J'y jouais avec les amis qui vivaient proches de chez moi. Nous faisions nos propres armes en jouet y nous jouions en paire ou en groupes de trois personnes. C'était très amusant de jouer à ce jeu, je gagnais tout le temps quand nous étions en paire. Mon secret était la patience, parce que la majorité de mes amis se déplaçaient effrayés, il était plus facile de gagner contre eux.

Il y avait d'autres types de jeux moins populaires. Entre eux on peut mentionner: La douche en cascade, le volleyball, la lutte, le «ballon-chasseur», le «jeu d'arcade», le «snooker», et le «football» entre autres.

La partie de foot municipale ou intermunicipale de la région avait lieu les dimanches. L'activité du village était très grande en cette journée les gens venaient de partout pour voir les parties de foot.

Notre village avait une équipe imbattable qui l'emportait toujours sur ses rivales. Je pouvais voir les parties de foot depuis ma maison grâce à un goyavier qui était dans mon jardin arrière. Normalement j'aimais beaucoup les dimanches, je pouvais voir tous mes amis, m'amuser sans me préoccuper de rien, mais quand la fin de l'après-midi arrivait j'aimais moins la journée parce que je savais que le retour à la routine arrivait. La fin de semaine passait plus rapidement que ce que j'aurais voulu.

Le rythme de vie était pratiquement le même jusqu'à la quatrième année du primaire. Il arriva beaucoup de choses qui allaient me marquer pour la vie cette année-là. C'est à ce moment précis que j'ai commencé à me rendre compte qu'il y avait un monde différent de ce que j'avais vécu jusqu'alors.

MES RÊVES D'ENFANCE

En mille neuf cent quatre-vingt-quatorze (1994), durant ma dernière année du primaire, un grand rêve est apparu, un rêve qui changerait ma vie, qui allait me permettre de voyager le monde, de connaître de nouvelles cultures, des personnes, des sciences, des technologies et tout ce que je voulais faire et apprendre. Ce rêve était le rêve de parler une seconde langue qui, dans ce cas, était l'anglais. Ce qui ferait que je prendrais le goût aux autres langues du monde. Réaliser ce rêve m'enrichirait dans tous les sens. Je crois que les premières étapes de ta vie t'enseignent plus de leçons sur le désir que les livres que tu as lus, que les films que tu as vus et que les sermons que tu as entendus. Maintenant, je prétends analyser ensemble certains aspects de la phase de 6 à 10 ans, une phase qui est très importante dans la formation ne notre caractère personnel et professionnel. C'est une période dans laquelle j'ai dû développer plusieurs des habilités qui sont encore avec moi aujourd'hui. La meilleure formule que j'ai entendue sur la façon d'atteindre le succès dans notre vie est la suivante: Le succès est comme le rêve, mais multiplier par nos actions. Dans les exemples que j'ai cités de mon enfance, j'avais réussi à apprendre à lire et à écrire et à faire de la bicyclette en utilisant cette formule sans le savoir. Cette formule est assurément le secret pour avoir du succès.

Alors, quand j'avais 10 ans et que j'ai entendu parler de l'anglais, une langue très différente de la mienne, qui personne autour de moi ne parlait, ni même les professeurs qui l'enseignaient, bien que, d'une certaine façon, tous semblaient vouloir l'apprendre. Je me souviens du premier contact que j'ai eu avec des textes et des phrases en anglais, c'était grâce à un ami qui avait déménagé dans mon village d'une grande ville. Il m'a montré son cahier avec quelques textes et exercices en anglais. J'ai été étonné lorsqu'il a commencé à lire ces phrases en anglais. Ma phrase favorite était la suivante: **What is your name?** Suivi de la réponse.

My name is.......

C'est ainsi que commença mon grand rêve, le plus vieux de tous mes rêves, du moins à cette époque, et il restera longtemps. Le rêve de parler anglais.

Je me rappelle de la première chose que j'ai faite, c'était de demander à mon ami qu'il m'écrive ces deux phrases avec d'autres mots pour que je puisse les apprendre. Finalement je n'ai pas pu commencer à étudier avant la septième année du primaire.

Ma famille avait les moyens de me payer cours, mais ce n'était certainement pas sur leur liste de priorités. Il parait qu'à cette époque tout le monde voulait apprendre à parler en anglais, mais au fond, personne ne le désirait profondément. Ce désir qui commençait à croître en moi, mais, pourquoi? Pourquoi voudrais-je apprendre l'anglais?

Je n'ai pas de réponse définitive à cette question, mais je crois qu'elle est due au fait d'essayer quelque chose de nouveau et de différent, au bout du compte, je n'avais jamais vu un étranger en personne. Je me rappelle aussi que nous écoutions toujours la radio la nuit et il y avait des fréquences qui n'étaient pas en espagnol, donc le désir de vouloir comprendre ce qu'ils disaient a fait que je me suis intéressé à l'anglais. Mon rêve était grand, le Désir aussi, mais le Comment était un obstacle. Pendant des semaines, je prenais ces quelques phrases et je pratiquais avec elle maintes et maintes fois, jusqu'à ce que je puisse les connaître. Après avoir fait cela, je demandais toujours à mon ami de m'écrire plus de mots pour que je puisse les apprendre. Peu à peu, j'apprenais, toujours avec mon objectif principal en tête, il n'y en avait pas d'autres que celui de réaliser mon rêve de comprendre et de parler l'anglais.

À mesure que je grandissais, mon rêve grandissait avec moi. Lorsque j'étais en cinquième année du primaire, je rêvais d'être professeur d'anglais. J'ai commencé à non seulement vouloir apprendre l'anglais, mais aussi à l'aimer.

Malheureusement, un en plus tard, mon ami et

sa famille ont déménagé dans une grande ville, et je n'avais même pas un livre en anglais pour continuer d'apprendre, en fait, le Comment se fait de plus en plus difficile. À cause de cela, j'ai dû m'armer de patience et attendre un autre deux ans avant de pouvoir commencer à étudier l'anglais.

En mille neuf cent quatre-vingt-dix-sept (1997), je me suis inscrit à la tant espérée septième année de primaire, maintenant j'étais certain que j'allais apprendre l'anglais, mon rêve pouvait enfin se réaliser. J'avais déménagé, maintenant, je vivais dans une grande ville avec mes grandes sœurs. Je me rappelle les premières phrases, textes et chansons en anglais en septième année. Je prenais mon cahier, le lisais et je pratiquais avec moi-même plusieurs fois, maintenant j'avais plus de moyens, je prenais des livres empruntés à mes amis et je les lisais de haut en bas, jour après jour, jusqu'à ce qu'un jour je sente quelque chose de différent, je sentais que, d'une certaine façon, j'avais réussi à m'exprimer en anglais. Je me rappelle d'un samedi matin où j'étais sorti acheter quelque chose pour la sœur au marché avec un livre de poche contenant les numéros d'un à un million. Lorsque j'ai découvert que les nombres suivaient une séquence répétitive, je n'arrivais pas à y croire, j'étais complètement émerveillé. Finalement, je pouvais dire n'importe quel numéro en anglais!

Avec ce résultat, je me sentais toujours plus près de pouvoir parler couramment anglais. Depuis ce moment, j'ai redoublé d'efforts, j'ai commencé à toujours plus étudier et pratiquer cette langue, j'étais le meilleur de la classe en anglais, je me sentais meilleur chaque jour et chaque jour j'apprenais quelque chose de nouveau. Arrivé à la fin de l'année, je pouvais très bien communiquer en anglais. Maintenant, ce qui était semé il y a longtemps et sans beaucoup de moyens, avait germé et commencé à pousser.

J'ai continué à apprendre et je pouvais maintenant communiquer avec n'importe quel natif anglophone, bien que je ne me considérais pas comme étant totalement bilingue. À chaque fois que je pouvais, j'allais dans les lieux touristiques où il pouvait y avoir des touristes étrangers pour pratiquer la langue. À 18 ans, j'ai commencé à travailler dans un petit bar de plage et après dans une usine de fibre de verre. Le travail à l'usine était très difficile, la majorité des gens qui travaillait-là était des brutes, en fait, il y avait beaucoup de gens qui ne pouvaient même pas écrire leur nom. Ils se moquaient toujours de moi en disant: - regardez le fermier qui parle anglais.

Ils me disaient toujours que si j'apprenais a parler anglais je devrais me trouver un meilleur travail, parce que celui que j'avais-là ne me mènerait jamais nulle part. J'étais d'accord avec eux, c'est pourquoi après quelques semaines, j'ai commencé à chercher un cours pour améliorer mon anglais pour obtenir un bilinguisme total en un an et ainsi pouvoir chercher un travail qui me permettrait de l'utiliser y de la pratiquer assez pour pouvoir l'enseigner. Je me suis inscrit à un cours intermédiaire de nuit en anglais. L'investissement que j'ai fait était très grand. A la fin du mois, après avoir payé le cours, il ne me restait que quelques pièces.

J'arrivais toujours une heure avant le cours pour faire les devoirs parce que je ne pouvais les faire durant le jour. C'était un cours intensif de

3 mois. Mon anglais s'améliorait chaque jour et j'étais de plus en plus confiant. Après le premier mois, je pouvais sentir que mes efforts en valaient la peine.

Le 24 août de 2005, mon rêve de devenir un professeur d'anglais s'est réalisé.

PARLE-MOI DE TOI

Informations Personnelles

1. Quel est ton nom complet?

2. Comment s'épèle ton nom de famille?

3. D'où viens-tu?

4. Quel âge as-tu?

5. Quelle est la journée de ta fête?

6. Où vis-tu présentement?

7. Quelle est ton adresse?

8. Quel est ton numéro de téléphone?

9. Quelle est ton occupation? Quelle est ta profession?

10. Combien d'années as-tu travaillé en tant que_____?

11. Quelle est ta religion?

12. Quel est ton état civil?

QUESTIONS 2
LA ROUTINE QUOTIDIENNE

1. À quelle heure te lèves-tu normalement?

2. Le matin, tu te laves ou te nettoies-tu

   seulement le visage?

3. Combien de temps prends-tu à te doucher?

4. Que mets-tu pour aller travailler/sortir?

5. Prends-tu du café tous les matins?

6. Que prends-tu avec ton café le matin?

7. Avec qui prends-tu ton café le matin?

8. À quelle heure prends-tu le petit déjeuner

   habituellement?

9. À quelle heure vas-tu travailler?

10. Comment fais-tu pour aller travailler? Quels moyens de transport utilises-tu habituellement?

11. À quelle arrives-tu au travail?

12. Où travailles-tu habituellement?

13. Combien d'heures travailles-tu dans l'entreprise?

14. Combien d'heures travailles-tu par semaine?

15. Quel est ton horaire de travail?

16. À quelle heure prends-tu une pause pour manger?

17. Que manges-tu et que bois-tu au déjeuner?

18. Avec qui manges-tu?

19. À quelle termines-tu le travail?

20. Normalement, fais-tu des heures

supplémentaires?

21. Que fais-tu lorsque tu arrives à la maison?

22. Manges-tu avec ta famille?

23. À quelle heure dînes-tu normalement?

24. À quelle heure vas-tu de coucher

normalement?

25. Est-ce que tu vas sur internet le soir?

26. Lis-tu avant d'aller dormir?

27. Que lis-tu normalement?

28. Combien d'heures dors-tu la nuit?

QUESTIONS 3 - LE TEMPS LIBRE

1. Combien de temps libre as-tu par semaine?

2. Que fais-tu dans tes temps libres?

3. Que fais-tu la fin de semaine?

4. À quelle fréquence vois-tu tes amis?

5. Où aimes-tu aller avec tes amis?

6. Pratiques-tu un sport?

7. À quand remonte ta dernière sortie au cinéma?

8. Suis-tu des cours?

9. Aimes-tu naviguer sur internet, chatter, etc.?

10.Quelle est la chose que tu n'aimes pas faire dans tes temps libres?

QUESTIONS 4 - L'ENFANCE

1. À quel âge as-tu appris à lire et écrire?

2. Quel était ton horaire au primaire?

3. Quel horaire d'étude avais-tu?

4. As-tu été recalé dans des cours?

5. Faisais-tu toujours tes devoirs?

6. À quel jeu jouais-tu avec tes amis lorsque tu étais enfant?

7. À quel âge as-tu appris à te promener en bicyclette?

8. Quelle était la couleur de ta première

   bicyclette?

9. Es-tu tombé souvent en bicyclette?

10. Aimais-tu te lever tôt?

11. À quelle heure te levais-tu pour aller en

    classe?

12. Avec qui allais-tu en classe — qui t'y

    menait?

13. De combien de temps avais-tu besoin pour

    te rendre en classe?

14. Dans combien d'écoles as-tu étudié?

15. Que faisais-tu lors des récréations scolaires?

16. Quelles habilités crois-tu avoir apprises de

ton enfance?

17. Que voudrais-tu devenir plus vieux?

18. Quels étaient tes cours préférés?

19. Quels étaient les cours que tu détestais?

TALK TO THE AUTHOR:

EMAIL:
irineu@oliveiralanguageservices.com

18879351R00025

Printed in Poland
by Amazon Fulfillment
Poland Sp. z o.o., Wrocław